Inhalt

Weblogs als Marketing-Instrument

Kernthesen

Beitrag

Fallbeispiele

Weiterführende Literatur

Impressum

GENIOS WirtschaftsWissen Nr. 03/2005 vom
04.03.2005

Weblogs als Marketing-Instrument

E.Krug

Kernthesen

- In der Wirtschaft hat man Weblogs, auch kurz Blogs genannt, als neues modernes Instrument für Marketing-Aktivitäten entdeckt. (1), (2), (3)
- Vor allem für Guerilla-Marketing scheinen sich Weblogs gut zu eigenen, aber auch als Kundeninformationstool oder als Unterstützung im Bereich Markt- und Meinungsforschung um nur ein paar Bereiche zu nennen. (4), (5), (6)
- Bisher scheinen nur in den USA Markenartikler verstärkt Blogs zu Marketing-Zwecken einzusetzen, Deutschland wird sich allerdings diesem

Trend in Zukunft nicht verschließen können. (5), (7), (8)

Beitrag

Weblogs, Blogs? Noch nicht jeder weiß mit diesen Begriffen etwas anzufangen. Selbst visierte Internet-User haben keine Ahnung, was sich hinter diesen Bezeichnungen verbirgt. Weblogs, auch Blogs genannt, sind Homepages, die an ein Tagebuch erinnern. Man kann an und für sich von persönlichen digitalen Tagebüchern sprechen, die auch mit einem Chat vergleichbar sind. Der Verfasser, man spricht dabei von einem Blogger, stellt diese im Internet weltweit jedem der sie lesen will zur Verfügung. Inzwischen gibt es bereits mehr als zehn Millionen Weblogs in der ganzen Welt. Monatlich steigt diese Zahl, laut einer Studie von Berlecon Research, Berlin, um etwa 15 Prozent an. Im Rahmen dieser Studie wurden 1009 User befragt. Der Grund für die Durchführung dieser Untersuchung ist, dass Berlecon in Hinblick auf PR und Marketing den Unternehmen in diesem Bereich unterstützende Informationen liefern will. (1), (2), (7), (9)

Wie sinnvoll ist es, Weblogs im

Bereich Marketing einzusetzen?

In den USA ist es mittlerweile durchaus üblich das Firmenimage durch Blogger aufzupolieren. Dabei sind nicht nur positive Aussagen über das Unternehmen gefragt, sondern vor allem Ehrlichkeit, die auch mal eine eigene Kritik verträgt. In deutschen Unternehmen konnte man sich bislang nicht so sehr mit diesem Gedanken anfreunden, obwohl in letzter Zeit auch hierzulande die Idee, Weblogs als Marketing-Tool einzusetzen immer mehr zum Thema wird. (8), (10)
Blogs haben den großen Vorteil, jede noch so exotische Zielgruppe zu erreichen. Vor allem die Internet-User, die sich von der üblichen Onlinewerbung nicht beeindrucken lassen, wie z.B. Jugendliche, die überdurchschnittlich oft nichtkommerzielle Sites oder werbefreie Dienste nutzen.
Zudem ist der hohe Vernetzungsgrad einer der Gründe dafür, dass Weblogs für das Onlinemarketing eine immer interessantere Rolle spielen. Die meisten Blogs sind untereinander verlinkt und somit verbreiten sich die Neuigkeiten äußerst rapid in der Blogosphäre, wie die Szene genannt wird. (1), (8), (11), (12)
Außerdem bieten Weblogs häufig auch die Möglichkeit, durch die Aussagen der Blogger künftige Entwicklungen frühzeitig zu erkennen, eine Art

Trendfrüherkennung. Eventuell kann man dadurch sogar, das wäre allerdings der Idealfall, die Trends beeinflussen oder ihnen gar entgegensteuern. (5)

Inwiefern kommen Blogs bereits als Marketing-Instrument zum Einsatz?

Aussagen über bisherige Erfahrungen kommen meist aus den USA. Auf die US-Wirtschaft haben die Weblogs schon deutlich Einfluss genommen. Dort sind es sogar vereinzelt die Firmenchefs selbst, die in die Blogosphäre eintauchen, indem sie ihr Online-Tagebuch mit Informationen über ihre eigene Person und natürlich über das Unternehmen füttern. Das ist für einen deutschen Manager eher unwahrscheinlich und auch nicht gefragt. Interessant dagegen und durchaus nützlich ist es, Weblogs in der Unternehmenskommunikation einzusetzen, wie viele amerikanische Unternehmer bereits erfahren durften. (8), (7)
Auch im Guerilla-Marketing erweisen sich die Blogs als absolut brauchbar, ganz zu schweigen von dem viralen Effekt der Weblogs, der unbedingt für das Viral Marketing genutzt werden sollte und mittlerweile ab und zu sogar auch schon in

Deutschland genutzt wird. Allerdings ist das nicht ganz unproblematisch, weil häufig dabei die Konzepte fehlen oder nicht sorgfältig bis zum Ende durchgeplant sind, was beim Virusmarketing auf keinen Fall vernachlässigt werden darf. (1), (6), (4), (13)

Man spricht auch davon, dass Blogs eine ideale Quelle zur Beschaffung von Informationen über Verbrauchermeinungen sind und sogar als Kundeninformationstool gelten. Durch die Kommunikation der Kunden untereinander klären sich oft Fragen, die die Produkte betreffen, ohne, dass z.B. ein Call Center kontaktiert werden muss. Der Kunde wird zum interaktiven Bestandteil des Unternehmens. (3), (5), (7)

Was sollte bei Marketing-Aktivitäten mit Weblogs unbedingt beachtet werden?

Grundsätzlich sollte nie außer Acht gelassen werden, dass viele Blogger auf jedwede Beeinflussungsversuche ziemlich allergisch reagieren, deshalb sollte mit Bedacht und wohlüberlegt vorgegangen werden. Von Standard-Pressemitteilungen sollte man total Abstand nehmen,

ganz zu schweigen von Blogs mit reinem Anzeigencharakter. Selbstbeweihräucherung ist tunlichst zu vermeiden, da davon Leser eher abgestoßen als angezogen werden. Interesse kann man vielmehr mit Kreativität und Aufforderung zur Kritik wecken. Sinnvoll wäre es, mit der für das Unternehmen relevanten Blogger-Zielgruppe einen Dialog aufzubauen und zum aktiven Feedback über Produkte aufzufordern. Wie gesagt ist dabei Ehrlichkeit den Bloggern gegenüber von großem Vorteil. Sehr dienlich ist es, wenn Mitarbeiter des Unternehmens oder sogar das Unternehmen selbst Teil der Blogosphäre sind. (1), (7)
Zur Form: Gefragt sind einfache journalistische Formulierungen, da die Blogosphäre stark von ehemaligen Journalisten geprägt wird. (7)

Fallbeispiele

Weblogs im Marketing Beispiele

NokiaIm Frühjahr 2004 hat Nokia das Fotohandy 3650 kostenlos an ausgewählte Blogger geschickt. Kurz darauf wurden in den jeweiligen Blogs

Erfahrungsberichte über das Handy und Fotos veröffentlicht.
Fazit: Die Weblogs gehörten sporadisch zu den Top 15 Link-Verweisen der Nokia 3650-Microsite (1)

Olympus
Bei der Markteinführung einer neuen Kamera veröffentlicht das Unternehmen vorab Details auf stark frequentierten Blog-Plattformen.
Dabei wird vor allem das Feedback aus der Öffentlichkeit als äußerst wichtig erachtet. (5)

Dr. Pepper/Seven Up
Für ein neues Milchmischgetränk warb Dr. Pepper mit dem fiktiven Tagebuch einer Kuh.
Der Erfolg ist allerdings fraglich. (8)

Weblogs als Werbeinstrument ein Negativbeispiel

Mazda (USA)Die Kommunikationsstrategen von Mazda (USA) haben diverse Werbeclips für das Modell M3 in ein Fake-Weblog eingepackt.
Angeblicher Verfasser: ein 22-jähriger Fan, Kid Halloween
Die Werbeaktion war zu auffällig und die Blogger-Community hat sich nicht lang an der Nase

herumführen lassen.
Fazit: Mazda wird nun ständig als Negativbeispiel genannt (7)

Weiterführende Literatur

(1) Werbung für lau
aus acquisa, Vol. 53, Heft 02/2005, S. 24-25

(2) Die neue öffentliche Prostitution: WEBLOGS
aus ProFirma, Vol. 7, Heft 12/2004, S. 82

(3) O.V., Dem Verbraucher auf den Blog geschaut, Computerwoche, 27.08.2004, S. 1-4
aus ProFirma, Vol. 7, Heft 12/2004, S. 82

(4) Späth, Nikos, Che Guevara als Marketing-Modell, Welt am Sonntag, 16.01.2005, S. 29
aus ProFirma, Vol. 7, Heft 12/2004, S. 82

(5) USA//Olympus/Ford Weblogs dienen als Barometer
aus Der Kontakter Nr. 34 vom 16.08.2004 Seite 042

(6) Hühner und Teilchenbeschleuniger
aus acquisa, Vol. 52, Heft 9/2004, S. 24-27

(7) Schön, Gerti, Persönliche Note im Netz, In den USA gewinnen Online-Tagebücher auch für Unternehmen an Bedeutung, Bestseller das Magazin von Horizont, 02.12.2004, S. 74

aus acquisa, Vol. 52, Heft 9/2004, S. 24-27

(8) "Liebes Tagebuch, ..." Die IT-Branche hat Weblogs für sich entdeckt - aber auch andere Firmen können vom Boom der Onlinejournale profitieren
aus Financial Times Deutschland vom 31.08.2004, Seite 5

(9) Studie: Weblogs auf dem Vormarsch
aus <e>MARKET Webmagazin vom 28.09.2004

(10) Wissensarbeiter können durch Really Simple Syndication Zeit sparen Web-Technologie sortiert Neuigkeiten
aus Computer Zeitung, Heft 42, 2004, S. 15

(11) Studie: Online-Werbung erreicht nur wenige Jugendliche
aus <e>MARKET Webmagazin vom 14.05.2004

(12) (Klein-)Geld in Sicht Weblogs experimentieren mit Geschäftsmodellen
aus Neue Zürcher Zeitung, 24.09.2004, Nr. 223, S. 61

(13) Wenn Werbung ansteckt
aus werben & verkaufen Nr. 31 vom 30.07.2004 Seite 070

Impressum

Weblogs als Marketing-Instrument

Bibliografische Information der deutschen Nationalbibliothek

Die Deutsche Nationalbibliothek verzeichnet diese Publikation in der deutschen Nationalbibliografie; detaillierte bibliografische Daten sind im Internet über http://dnb.d-nb.de abrufbar.

ISBN: 978-3-7379-0713-2

© 2015 GBI-Genios Deutsche Wirtschaftsdatenbank GmbH, Freischützstraße 96, 81927 München, www.genios.de

Alle Rechte vorbehalten. Dieses Werk ist einschließlich aller seiner Teile – z.B. Texte, Tabellen und Grafiken - urheberrechtlich geschützt. Jede Verwertung außerhalb der Grenzen des Urheberrechtsgesetzes bedarf der vorherigen Zustimmung des Verlags. Dies gilt insbesondere auch für auszugsweise Nachdrucke, fotomechanische Vervielfältigungen (Fotokopie/Mikroskopie), Übersetzungen, Auswertungen durch Datenbanken oder ähnliche Einrichtungen und die Einspeicherung und Verarbeitung in elektronischen Systemen.